Coaching pro | numéro **4**

COMMENT BIEN STRUCTURER
SON COMMUNIQUÉ DE PRESSE ?

— Focus sur un outil d'information pour les entreprises

par Martin Dawagne

50MINUTES

LE COMMUNIQUÉ DE PRESSE

- **Problématique ?** Comment rédiger un communiqué de presse efficace ?
- **Utilité ?** Le communiqué de presse constitue un outil primordial dans le relais d'une information auprès des médias. Structuré et concis, le document porte votre message à la connaissance des journalistes qui, si leur attention est suffisamment attisée, en font un article. Vous bénéficiez ainsi d'une visibilité accrue auprès du grand public, tout en solidifiant l'image de votre organisation.
- **Contexte professionnel ?** Communication et marketing.
- **FAQ ?**
  - Quelle forme doit avoir mon communiqué de presse ?
  - Quelle est la longueur optimale d'un communiqué de presse ?
  - Le format du communiqué change-t-il selon les pays ?
  - Quel ordre privilégier dans la répartition des informations ?
  - Comment rendre mon communiqué attractif ?
  - Puis-je joindre une photo à mon document ?
  - À qui dois-je l'envoyer ?
  - Quand dois-je l'envoyer ?
  - Et après ? Que se passe-t-il une fois mon communiqué envoyé ?
  - Que faire si mon communiqué de presse n'entraîne aucune retombée ?

Véritable pilier des relations médiatiques, le communiqué de presse vous permet de diffuser efficacement – et économiquement – une annonce liée à votre entreprise (lancement d'un nouveau produit, événement spécial, résultats financiers, nouvelles mesures, invitation à une conférence, etc.). En quelques paragraphes, le texte doit parvenir à accrocher l'attention de votre destinataire et lui donner l'image d'un organisme crédible et professionnel.

L'écriture d'un communiqué relève du challenge. En effet, le style utilisé se doit d'être synthétique et neutre, tout en suscitant l'intérêt de votre interlocuteur. Attention toutefois, il ne s'agit pas de faire de la publicité. Être à la fois concis, original et subtil, sans tenter de vendre à tout prix : voilà les ingrédients d'un communiqué de presse effectif. En moyenne, chaque journaliste reçoit 30 documents de ce type par jour, dont 2 % seulement lui serviront à concevoir une rubrique. Il est donc essentiel de parfaire votre missive, tant au niveau du contenu que de la forme.

Une fois l'intérêt du média acquis, votre information est relayée dans le contenu du périodique, soit sous sa forme originale, soit sous l'aspect d'un article plus détaillé. Par conséquent, un communiqué bien conçu vous permet d'exposer au grand jour l'actualité de votre entreprise dans la presse, et donc de renforcer votre image auprès du public visé.

B.A.-BA DU COMMUNIQUÉ BIEN PENSÉ

Le but d'un communiqué de presse est simple à comprendre : comme son nom l'indique, il sert à communiquer une information relative à votre organisme, grâce au savoir-faire de la presse. Par l'intermédiaire des médias, vous disposez d'une diffusion efficace auprès du public, qu'il soit large ou ciblé. De surcroît, un communiqué de presse rédigé correctement permet, outre la transmission d'une nouvelle, la propagation d'une image solide de votre société.

Caractérisée par une écriture sobre et directement accessible, le document présente une structure répondant à des normes établies et parfois rigoureuses. Ainsi, pour que votre annonce atteigne son but (c'est-à-dire la transmission aux lecteurs/auditeurs/spectateurs des médias), elle doit d'abord passer une étape primordiale : l'accroche de l'attention du journaliste. Et cela n'est pas toujours une mince affaire...

En effet, la liberté de la presse étant généralement garantie par l'État, cela signifie qu'un média peut – bien souvent – décider d'ignorer votre requête. Ce fait est justifié par une réalité considérable : chaque journaliste reçoit une formidable quantité de communiqués par jour. C'est au sein de cette montagne de contenu qu'il sélectionnera la matière première destinée à constituer son article.

Dès lors, si votre message ne respecte pas un certain schéma, il sera malheureusement relayé aux oubliettes. C'est pourquoi il convient, dès que vous entreprenez l'écriture de votre document, de garder à l'esprit les quelques règles qui garantiront à votre information une publication gratuite et optimale.

AVANT DE COMMENCER À RÉDIGER...

Vous êtes une société établie, une PME ou une association sans but lucratif, et vous disposez d'une information à relayer le plus largement possible (par exemple : vous proposez un nouveau service ; vous souhaitez diffuser un rapport annuel ; vous voulez publier l'expression de votre avis sur un événement ponctuel ; vous désirez annoncer de nouvelles mesures environnementales prises par votre entreprise ; etc.). Qu'importe le sujet de votre message, la première étape rédactionnelle de votre communiqué de presse consiste en une auto-évaluation de vos intentions.

Le journaliste étant très sollicité, il est avisé de se poser certaines questions préalables à la création, puis à l'envoi de votre document. En agissant de la sorte, vous vous assurez de ne pas déranger un chroniqueur à chaque fois que vous disposez d'un contenu à publier.

Prenez donc toujours le temps de vous poser les deux questions suivantes, avant même d'entreprendre la conception de votre missive.

- L'information que je possède mérite-t-elle d'être diffusée ? Plus précisément, à quel point cette nouvelle est-elle inédite ? Rappelez-vous qu'un journaliste s'intéressera en priorité à ce qui est nouveau et original. Par conséquent, ne lui envoyez que du contenu que vous jugez suffisamment exceptionnel.

- Cette information correspond-elle bien au média que je souhaite contacter ? Prêtez attention au support de diffusion de votre destinataire (presse écrite, radio, télévision, webzine, etc.), à sa spécialisation, à sa fréquence de parution ainsi qu'à son style rédactionnel. Interrogez-vous quant à la pertinence du type de presse que vous allez contacter.

Une fois que vous êtes convaincu de l'importance de votre contenu, vous pouvez passer à l'écriture de votre annonce. Tant dans son fond que dans sa forme, le communiqué de presse se doit de respecter un style rédactionnel à part. Paradoxalement, c'est en appliquant un canevas rigoureux et une formulation neutre que vous parviendrez à susciter l'intérêt de la presse.

LA FORME DE VOTRE COMMUNIQUÉ

Il existe différentes écoles concernant le format du communiqué de presse. Ainsi, d'un texte à un autre, on rencontre de légères variations de structure. Néanmoins, ce sont toujours les mêmes lignes directrices qui reviennent.

Brièveté du document

Votre but est d'accrocher rapidement l'attention du journaliste. Par conséquent, il serait dommageable de le noyer dans un torrent de pages. Rappelez-vous que votre destinataire a beaucoup de travail… et malheureusement peu de temps à vous consacrer.

La longueur de votre message sera la première chose à laquelle votre interlocuteur sera confronté. Il vous faut donc être concis, et cela commence par l'apparence même de votre communiqué, qui doit favoriser une lecture transversale rapide. Par la suite, vous aurez tout le temps d'aborder plus de détails lorsque vous serez en contact avec le journaliste.

LA RÈGLE

Un bon communiqué de presse est constitué d'une seule page recto. Il peut arriver, dans des circonstances exceptionnelles, qu'il fasse l'objet de deux faces, mais cela reste à éviter.

Mise en page aérée

Ne négligez pas l'aspect visuel de votre communiqué de presse. Un bloc de texte compact et ramassé ne jouera jamais en votre faveur. Privilégiez plutôt une mise en page espacée, avec un interligne simple. La difficulté sera ici de rester bref tout en optant pour une structure textuelle claire, propre et ouverte.

PETIT PLUS

N'hésitez pas à ponctuer votre texte d'intertitres résumant l'idée de chaque paragraphe. De cette manière, un journaliste débordé pourra parcourir votre document en diagonale, sans perdre de temps.

Phrases courtes

Dans le même souci de concision, évitez au maximum les for-
mulations compliquées, les tirades embrouillées et le verbiage.
Vous perdrez rapidement l'attention de votre cible si vous utilisez
de longues phrases compliquées. À l'inverse, favorisez un style rédactionnel abrégé et précis, avec des phrases de 15 mots maximum.

Huit constituants de base

Le communiqué de presse peut varier sensiblement dans sa forme
selon les démarches et les circonstances. Mais il comporte imman-
quablement les huit éléments constituants repris ci-dessous.

- **Le logo de votre entreprise.** D'emblée, cela vous permet d'être
  identifié et reconnu.
- **La nature du document.** Bien que cela paraisse évident, inscrivez
  qu'il s'agit d'un communiqué de presse.
- **L'échéance de diffusion.** Mentionnez « Pour diffusion immé-
  diate » ou « À diffuser à partir du... ».
- **Le titre.** L'appellation de votre communiqué doit résumer l'objet
  de votre message à elle seule. Soyez donc percutant et original.
- **L'accroche ou chapeau.** En deux à quatre lignes, cette introduc-
  tion résume votre document et répond aux questions suivantes :
  « Pourquoi ? », « Qui ? », « Quoi ? », « Comment ? », « Quand ? »
  et « Où ? »
- **Le corps du communiqué.** Ménagez des intertitres et des paragraphes, en respectant le principe de la pyramide inversée : partez
  des informations les plus importantes pour terminer par les détails.
- **La conclusion.** Terminez votre communiqué par un bref paragraphe décrivant votre société. C'est l'occasion de rappeler
  votre statut (si vous êtes, par exemple, pionnier ou n° 1 dans
  votre secteur).

- **Le contact presse.** Cette partie constitue votre appel à l'action du journaliste. En le faisant précéder – ou non – d'un intertitre « Pour plus d'informations, contactez… », achevez votre communiqué en présentant les données suivantes : nom du contact, numéro de téléphone (ligne directe si possible) et adresse e-mail.

LE STYLE RÉDACTIONNEL

Appelée « journalistique », l'écriture du communiqué de presse se veut factuelle. Cela signifie que vous rédigez des faits et rien d'autre. Mais attention, il ne s'agit pas non plus d'écrire de manière télégraphique. Lorsque l'on transmet une information à un journaliste, il faut également faire preuve d'originalité et de vigueur, tout en restant neutre et objectif. La nuance est subtile, voire déroutante. Elle est pourtant simple à intégrer si l'on honore quelques principes.

Des relations presse, pas de la publicité

En théorie, le devoir d'un journaliste est de délivrer une information de manière impartiale. Cela sous-entend un fait important : en aucun cas, la presse ne vantera vos mérites, ni ne vous fera de la publicité. Elle placera tout le monde sur le même pied d'égalité, y compris vos concurrents. Par conséquent, il est inutile – et mal vu – d'essayer de vous vendre à tout prix lorsque vous rédigez votre communiqué de presse.

N'oubliez jamais que l'intérêt des médias porte sur ce qui est nouveau, et non sur ce qui est mieux. Restez désintéressé dans votre ton rédactionnel : votre écriture n'en paraîtra que plus professionnelle et, entre les lignes, humble et respectueuse. Rappelez-vous votre objectif principal : faire passer une information.

Lisibilité, compréhension et objectivité

Ces trois mots suffisent à résumer le style rédactionnel du communiqué de presse.

- Vous exposez des faits précis, du contenu tangible, des éléments concrets. Votre crédibilité dépendra de votre capacité à rester impartial et factuel.
- Écrivez votre texte à la manière d'un article : ne mettez en évidence qu'une seule information, un message unique et principal. Les précisions ne viendront qu'en second lieu, une fois l'attention du journaliste accrochée.

- Un communiqué de presse se formule de manière impersonnelle. Évoquez donc votre organisme par son nom (rappel : pas plus de deux fois), ou en la nommant par son statut (« l'entreprise », « l'association », etc.).
- Ne rédigez pas à la première personne du pluriel, mais plutôt en vous mettant dans la peau d'un journaliste écrivant au sujet de votre propre société.
- Enfin, votre missive se conçoit toujours au présent.

Du général au particulier : la structure pyramidale inversée

En commençant votre communiqué par un paragraphe d'accroche, vous placez les informations les plus importantes de votre message en tête de ce dernier. Continuez dans cet ordre, en exposant d'abord le contenu suscitant le plus d'intérêt, puis en allant vers les indications secondaires.

En bref, répondez d'abord aux questions fondamentales de votre communiqué (« Pourquoi ? », « Qui ? », « Quoi ? », « Comment ? », « Quand ? » et « Où ? »), pour exposer ensuite les précisions plus secondaires, avant de conclure par les détails pratiques.

Ayez l'air (et soyez) professionnel

Vous l'aurez compris : écrire un communiqué de presse ne signifie pas essayer de faire de la publicité ou de se vendre. Néanmoins, vous pouvez subtilement mettre votre entreprise en valeur, sans pour autant passer pour un promoteur. Comment ? En appuyant vos propos sur des sources matérielles ou des statistiques, et en positionnant vos informations concrètement dans le temps et l'espace. Surtout, ne mentionnez rien dont vous n'êtes pas certain. Les estimations vagues et les imprécisions ne feront que décrédibiliser votre professionnalisme.

Vous êtes innovateur dans un service particulier ? Vous occupez
la première place au sein d'un secteur ? Si vous pouvez le prouver,
mentionnez-le dans votre communiqué. Toutefois, faites-le hum-
blement et impartialement, sur base d'arguments contrôlables et
en bannissant toute hyperbole et adjectif tapageur.

Les « 5 W » : Why, Who, What, When, Where

Une fois votre communiqué de presse terminé, interrogez-vous
sur son contenu. Pour ce faire, le bilan des « 5 W », qui reprend les
questions à se poser lors de l'accroche, vous permettra de cerner son
efficacité. Prenez l'habitude de vous demander si votre texte répond
bien aux questions suivantes :

- *Why?* Pourquoi ce message est-il envoyé ? En quoi est-il intéres-
  sant pour le journaliste et, plus particulièrement, pour le public ?
- *Who?* Qui sont les différents acteurs concernés par le message ? Cela se rapporte également à la question du destinateur :
  qui est la personne qui envoie l'information et est-ce possible
  de la contacter ?
- *What?* De quoi parle mon communiqué ? Comment en parle-t-il ?
  Qu'il y a-t-il de nouveau pour la presse ?
- *When?* Quand cela se déroule-t-il ? Quand cela s'arrête-t-il ?
- *Where?* Où cela se déroule-t-il ? Ceci est une question utile dans
  le cadre d'une invitation à une conférence de presse ou à un événement promotionnel par exemple.

TOP CONSEILS

- Essayez de vous mettre dans la peau d'un journaliste lorsque vous écrivez votre communiqué de presse. Cela vous permet de rester factuel et objectif lorsque vous rédigez à propos de votre entreprise.
- Favorisez une police de caractère neutre et courante (Arial, Calibri, Helvetica, etc.).
- Faites relire votre texte par une personne extérieure à votre projet. En effet, si quelqu'un qui « n'y connaît rien » comprend votre message, vous êtes certain d'être clair.
- Rappelez-vous : un communiqué présente un seul message central. Si vous avez plusieurs annonces importantes à faire, concevez plus d'un document. De cette manière, vous évitez toute complication. En revanche, si votre missive comporte diverses nouvelles liées à un même sujet, une seule note reprenant chacune des informations conviendra.
- L'e-mail est aujourd'hui le moyen le plus efficace de faire parvenir votre message. Mentionnez dans l'objet : « Communiqué de presse Nom de l'entreprise] ». Décrivez en quelques lignes le but de votre annonce dans le corps du message, auquel vous attachez votre communiqué de presse en format modifiable (possibilité d'impression et de copier-coller).
- Ne submergez pas les médias en leur envoyant des informations inadaptées à leurs spécialisations. Repérez les journalistes qui seront les plus aptes à relayer votre message. Dans le même ordre d'idée, n'envoyez pas votre document à toute la rédaction ou, à l'inverse, uniquement au rédacteur en chef. Ciblez toujours votre envoi.
- Faites une liste claire de tous vos contacts et ordonnez-la en fonction du genre de presse à approcher (information générale, spécialisée, masculine, féminine, communautaire, etc.). Classez

également les journalistes selon leurs spécialités et le type de rubrique qu'ils rédigent. Il est conseillé de mettre cette grille de contacts régulièrement à jour.

- Gardez à l'esprit les délais de diffusion, car ils varient en fonction du type de périodique que vous contactez. Ainsi, votre communiqué peut être envoyé :
  - dans les quelques jours précédant la parution pour un quotidien ;
  - un mois avant la date de publication pour un hebdomadaire ;
  - deux mois avant la diffusion de votre information pour un mensuel ;
  - à n'importe quel moment du jour ou de la nuit pour les radios et télévisions. Cependant, vous devez vous y prendre jusqu'à deux semaines à l'avance pour vos communiqués d'événements spéciaux.
- En tant que chargé(e) de relations presse, il est capital que vous entreteniez des contacts cordiaux et réguliers avec les médias. Par exemple, n'hésitez pas à joindre le journaliste personnellement afin de voir s'il est intéressé par votre sujet ou si votre communiqué est bien arrivé à destination. Il s'agit d'une bonne occasion de vous présenter et d'instaurer une relation concrète.
- Votre entreprise s'associe avec une autre dans un même projet ? Sachez que c'est le partenaire le plus renommé des deux qui publiera le communiqué de presse.

FAQ

QUELLE FORME DOIT AVOIR MON COMMUNIQUÉ DE PRESSE ?

Votre communiqué de presse doit avoir l'apparence d'une lettre structurée et dotée d'une mise en page propre et aérée. Il est toujours constitué des éléments suivants : le logo de votre entreprise ; le type de document ; la date de diffusion souhaitée ; le titre ; le paragraphe d'accroche ; le corps du communiqué ; le paragraphe de fin ; les coordonnées de l'expéditeur.

Généralement, ce type d'écrit comporte quatre à huit paragraphes, chacun étant porteur d'une idée. Par souci de lisibilité, vous pouvez rédiger un intertitre en caractère gras pour chaque section. De cette manière, le journaliste peut s'y retrouver rapidement dans votre texte et y sélectionner efficacement ce qu'il souhaite.

QUELLE EST LA LONGUEUR OPTIMALE D'UN COMMUNIQUÉ DE PRESSE ?

Un communiqué de presse idéal se compose d'un recto seul. Il peut aller jusqu'à deux pages maximum, mais uniquement dans certaines circonstances. En effet, ne perdez pas de vue que votre but est de rendre votre message compréhensible rapidement et sans difficulté pour votre interlocuteur. Dans cet ordre idée, il serait contre-productif de lui fournir un document de plusieurs pages.

LE FORMAT DU COMMUNIQUÉ CHANGE-T-IL SELON LES PAYS ?

L'objectif d'un communiqué de presse reste identique d'une culture à une autre : faire passer une information rapidement et clairement afin de retenir l'attention du journaliste et d'être diffusé.

Malgré quelques variations (inscription de la date d'envoi, adresse de l'entreprise au début du document, utilisation de photos, etc.), ce sont les mêmes éléments qui structurent chaque communiqué de presse (chapeau, échéance de diffusion, etc.).

QUEL ORDRE PRIVILÉGIER DANS LA RÉPARTITION DES INFORMATIONS ?

Optez toujours pour une structure pyramidale inversée. Allez du contenu le plus important aux détails complémentaires.

Certaines écoles prônent le respect du schéma des « 5 W » dans un ordre précis : *Why* (« Pourquoi ? »), *Who* (« Qui ? »), *What* (« Quoi, combien et comment ? »), *When* (« Quand ? ») et *Where* (« Où ? »). Cette suite de questions vous assurera un communiqué complet. Néanmoins, n'hésitez pas à modifier leur ordre afin de faire apparaître vos informations selon la disposition suivante : de la plus conséquente à la plus auxiliaire.

COMMENT RENDRE MON COMMUNIQUÉ ATTRACTIF ?

Outre une mise en page soignée et espacée, votre communiqué de presse doit privilégier un style rédactionnel que l'on peut résumer par les points suivants :

- phrases courtes (12 à 15 mots maximum) ;
- rédaction au présent ;
- utilisation d'intertitres ;
- emploi d'un ton à la fois neutre et communicationnel (éviter les adjectifs superlatifs) ;
- proscription de la première personne du pluriel ;
- mention parcimonieuse du nom de l'entreprise ou du produit (deux fois maximum) ;
- structuration claire des huit éléments constituants ;
- application du principe « un paragraphe = une idée » ;
- mise en valeur objective de votre entreprise sur base de sources professionnelles.

PUIS-JE JOINDRE UNE PHOTO À MON DOCUMENT ?

Tout dépend de l'utilité de votre photo. Interrogez-vous quant à la pertinence d'une illustration visuelle. Souvenez-vous que vous aurez l'occasion de transmettre toute la documentation nécessaire en second lieu, si vous parvenez à retenir l'attention de votre destinataire.

Toutefois, il existe des situations où l'ajout d'une photo est indispensable. Dans ce cas, annexez un bref commentaire à l'image, toujours dans le ton journalistique du communiqué de presse.

PETIT PLUS

Faites attention à ce que votre e-mail ne pèse pas plus de 1 Mo. Ainsi, si vous y joignez des éléments visuels, privilégiez une qualité de 100 Ko maximum par image. De cette façon, vous n'inondez pas la boîte de réception de votre destinataire et vos photos s'affichent plus rapidement.

À QUI DOIS-JE L'ENVOYER ?

N'envoyez votre communiqué de presse qu'aux journalistes susceptibles de le publier. Il est indispensable de cibler votre envoi, et de ne pas « bombarder » largement et à l'aveuglette. En fonction de votre sujet et des centres d'intérêt qu'il soulève, recherchez les médias les plus aptes à relayer votre information au public. Récupérez ensuite les coordonnées des chroniqueurs en charge de la rédaction de ces articles et classez-les dans votre liste de contacts.

QUAND DOIS-JE L'ENVOYER ?

Tout dépend du genre de presse que vous souhaitez joindre. Les délais varient selon le type de périodique que vous contactez (24 à 48 h pour un quotidien, une radio ou une télévision ; un mois pour un hebdomadaire ; deux mois pour un mensuel).

CONSEIL

Pour l'envoi de votre communiqué, retenez que le plus tôt est toujours le mieux. De cette manière, vous laissez aux médias le temps d'établir leur planning, de même que vous laissez aux journalistes le temps de réagir à votre requête.

ET APRÈS ? QUE SE PASSE-T-IL
UNE FOIS MON COMMUNIQUÉ ENVOYÉ ?

Généralement, le média que vous avez contacté vous téléphonera pour une interview ou vous écrira pour demander plus d'informations. Dans ce dernier cas, il est avisé de lui fournir un dossier de presse, c'est-à-dire un document détaillé au sujet de votre entreprise. C'est au sein de ce fichier que le journaliste pourra recueillir le contenu nécessaire à la conception de sa rubrique. Votre communiqué de presse sera ensuite réécrit par le journaliste sous forme d'article ou, s'il est conçu dans un style parfaitement factuel, retranscrit tel quel au sein du périodique.

QUE FAIRE SI MON COMMUNIQUÉ DE PRESSE N'ENTRAÎNE AUCUNE RETOMBÉE ?

Il est conseillé de relancer le journaliste en le contactant personnellement par téléphone. C'est de cette manière que vous pourrez établir un contact réel et vous présenter. N'hésitez pas à demander à votre interlocuteur ce qu'il pense de votre missive et s'il souhaite recevoir votre dossier de presse en complément.

À VOUS DE JOUER !

Les 8 constituants d'un communiqué de presse

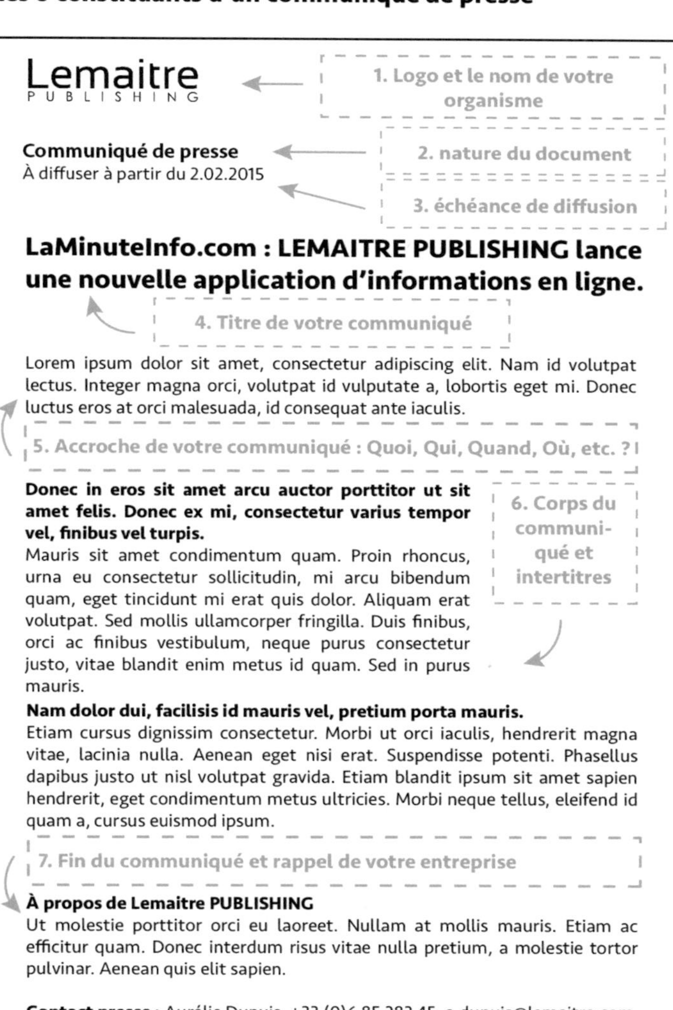

POUR ALLER PLUS LOIN

SOURCES BIBLIOGRAPHIQUES

- ANTOINE (Frédéric), DUMONT (Jean-François), MARION (Philippe), RINGLET (Gabriel), *Écrire au quotidien, du communiqué de presse au nouveau reportage*, Bruxelles, Vie Ouvrière, 1987.
- CANEVET (Frédéric), « Comment rédiger un bon communiqué de presse ? », in *Conseilsmarketing.com*, Colombes, consulté le 14 janvier 2015.
  http://www.conseilsmarketing.com/promotion-des-ventes/comment-rediger-un-bon-communique-de-presse
- GAILLARD (Pascal), *Les Relations presse : un kit à l'emploi*, Paris, Eska, 2006.
- LORIAUX (Jonathan), « Envoyer des communiqués de presse par email, c'est aussi de l'emailing : quelques conseils », in *Badsender.com*, La Hulpe, consulté le 20 janvier 2015.
  http://www.badsender.com/2014/02/24/envoyer-communiques-presse-email/

SOYEZ LÀ
OÙ ON NE VOUS ATTEND PAS !

www.50minutes.com

www.50minutes.com

Éditeur responsable : Lemaitre Publishing
Rue Lemaitre 6 | BE-5000 Namur
info@lemaitre-editions.com

ISBN ebook : 978-2-8062-6395-7
ISBN papier : 978-2-8062-6380-3
Dépôt légal : D/2015/12603/151
Photo de couverture : © Creative soul.

Conception numérique : Primento,
le partenaire numérique des éditeurs